UNIVERSALE
ECONOMICA
FELTRINELLI / CLASSICI

Erri De Luca è nato a Napoli nel 1950. Ha pubblicato con Feltrinelli: *Non ora, non qui* (1989), *Una nuvola come tappeto* (1991), *Aceto, arcobaleno* (1992), *In alto a sinistra* (1994), *Alzaia* (1997, 2004), *Tu, mio* (1998), *Tre cavalli* (1999), *Montedidio* (2001), *Il contrario di uno* (2003), *Mestieri all'aria aperta. Pastori e pescatori nell'Antico e nel Nuovo Testamento* (con Gennaro Matino; 2004), *Solo andata. Righe che vanno troppo spesso a capo* (2005), *In nome della madre* (2006), *Almeno 5* (con Gennaro Matino; 2008), *Il giorno prima della felicità* (2009), *Il peso della farfalla* (2009), *E disse* (2011), *I pesci non chiudono gli occhi* (2011), *Il torto del soldato* (2012), *La doppia vita dei numeri* (2012), *Ti sembra il Caso?* (con Paolo Sassone-Corsi; 2013), *Storia di Irene* (2013), *La musica provata* (2014; il libro nella collana "I Narratori", nella collana "Varia" il dvd del film), *La parola contraria* (2015), *Il più e il meno* (2015), il cd *La musica insieme* (2015; con Stefano Di Battista e Nicky Nicolai), *Sulla traccia di Nives* (2015), *La faccia delle nuvole* (2016), *La Natura Esposta* (2016), *Morso di luna nuova. Racconto per voci in tre stanze* (2017), *Diavoli custodi* (2017; con Alessandro Mendini), *Pianoterra* (2018), *Il giro dell'oca* (2018), *Anni di rame* (2019) e, nella serie digitale Zoom, *Aiuto* (2011), *Il turno di notte lo fanno le stelle* (2012) e *Il pannello* (2012). Per i "Classici" dell'Universale Economica ha tradotto l'*Esodo*, *Giona*, il *Kohèlet*, il *Libro di Rut*, la *Vita di Sansone*, la *Vita di Noè* ed *Ester*; ha curato *L'ospite di pietra. L'invito a morte di don Giovanni. Piccola tragedia in versi*, di Aleksandr Puškin. Sempre per Feltrinelli ha tradotto e curato *L'ultimo capitolo inedito de La famiglia Mushkat. La stazione di Bakhmatch* di Isaac B. Singer e Israel J. Singer (2013).

ITZHAK KATZENELSON

Canto del popolo yiddish messo a morte

Traduzione e cura di Erri De Luca

Titolo dell'opera originale
DOS LID FUN OISGEHERGETN YIDDISHN FOLK

Traduzione dalla lingua yiddish di
Erri De Luca

Prima edizione nell'"Universale Economica"
maggio 2019

Stampa Grafica Veneta S.p.A. di Trebaseleghe - PD

ISBN 978-88-07-90338-0

Canto del popolo yiddish messo a morte

Per il soffio di vita della mia Hanna
e per il soffio di vita di Berl mio fratello
che furono uccisi insieme ai figli della loro famiglia
e con il mio popolo tutto e niente sepoltura.

Vittel, ottobre 1943-gennaio 1944

(Questi versi sono scritti in ebraico a differenza di tutti gli altri che invece sono scritti in yiddish.)

1.
Canta

Canta, prendi l'arpa nella tua mano vuota, svuotata e lieve,
sulle sue corde magre getta le dita dure,
come cuori in pena, l'ultimo dei canti,
canto degli ultimi yidn sul suolo d'Europa.

Come faccio a cantare? Come aprire la bocca
se sono rimasto io solamente?
Mia moglie, i miei due cuccioli, orrendo
un orrore mi scuote, piangere, da lontano sento piangere.

Canta, canta, solleva in alto la tua voce di pena e di rovina.
Cerca, cercalo lassù da qualche parte, se ancora ci sta.
E cantagli, canta per lui l'ultimo canto dell'ultimo degli yidn,
vissuto, morto, non sepolto e nient'altro.

Come faccio a cantare? Come posso levare la testa?
Mia moglie portata via, il mio Bentzi e Yomele, piccolino,

non li ho più e non mi lasciano mai.
Ombre scure dei miei luminosi, ombre gelate e cieche.

Canta, canta un'ultima volta ancora sulla terra, getta
la testa indietro, rovescia gli occhi pesanti su di lui
e canta per lui un'ultima volta, suona per lui sull'arpa.
Non ce n'è più di yidn. Messi a morte, non ce ne sono più.

Come faccio a cantare? Come rovescio gli occhi
e la mia testa in su? Una lacrima rigida di ghiaccio
mi si è incollata all'occhio, si vorrebbe staccare,
strappare via dall'occhio e non riesce a cadere, Dio, mio Dio.

Canta, canta, alza nei cieli il tuo sguardo accecato
come se là nei cieli ci fosse un Dio, fagli l'occhiolino
come se rilucesse, c'illuminasse ancora una gran sorte.
Siedi sulle macerie del popolo messo a morte e canta.

Come faccio a cantare se per me il mondo è vuoto?
Come posso suonare con le mani spezzate?
Dove sono i miei morti? Cerco i miei morti, Dio, in ogni letame,
in ogni mucchio di cenere, ditemi dove siete.

Gridate da ogni sabbia, da sotto ogni pietra,
da tutte le polveri gridate e da tutte le fiamme e da ogni fumo.

C'è il vostro sangue e succo, c'è il midollo delle vostre ossa,
c'è vostra carne e vita. Gridate forte, in alto.

Gridate dalle viscere delle bestie selvatiche del bosco, dal pesce nello stagno.
Vi hanno inghiottito. Gridate dalle fornaci della calce, grandi e piccoli gridate,
voglio da voi un grido di pericolo, un grido di dolore, una voce,
grida popolo yiddish messo a morte, grida e grida forte.

Non gridare al cielo, ti dà retta come la terra, mucchio di letame,
non gridare al sole, non rivolgerti al lampione, se potessi
spegnerlo, come si spegne un lume in una sporca grotta di assassini.
Popolo mio, quanta maggiore luce hai messo al mondo, quanto più luminoso tu sei stato.

Mostrati a me popolo mio, rivelati, distendi le mani
via dalle fosse comuni profonde e lunghe miglia e stivate stracolme,
strato su strato, intrise di calce e bruciate,
venite su, salite dal più basso e profondo degli strati.

Venite tutti da Treblinka, da Sovibor, da Oshventshim,
da Belgiz venite, venite da Ponari e da altri posti ancora e ancora e ancora.
Con gli occhi fuori dalle orbite, un grido congelato di soccorso ma senza la voce,

dalle paludi, dal fango in cui foste sprofondati,
dalle muffe marcite.

Venite, disseccati, tritati, macinati, venite, disponetevi
in cerchio, una ruota gigante intorno a me, un solo girotondo.
Nonni, nonne, padri, madri con i bambini in grembo,
ossa yiddish venite dalla polvere, dai pezzi di sapone.

Apparitemi, mostratevi a me tutti, venite tutti,
voglio vedervi tutti, voglio guardarvi, voglio
sul popolo mio messo a morte posare lo sguardo
zitto, ammutolito.
Allora canterò, sì, ecco l'arpa, io suono.

3-5 ottobre 1943

2.

Io suono

Suono, mi sono seduto giù per terra
e ho suonato e cantato malinconico: oh, popolo mio.
Milioni di yidn sono stati a sentire intorno a me,
milioni di messi a morte si sono messi in ascolto, un uditorio immenso.

Un immenso uditorio, accampamento enorme. La valle di Ezechiele
piena d'ossa qui sarebbe ridotta a un angolino.
E lui per primo, Ezechiele, non avrebbe la speranza e la fede di una volta
per parlare agli uccisi e si tormenterebbe le mani come me.

Come me, senza aiuto spinta in su la testa appesantita
guardando desolato il cielo grigio e lontano e vuoto tutto intorno,
l'abbasserebbe di peso, giù, più giù,
sasso impietrito, la piegherebbe a fondo e silenzioso sulla terra.

Ezechiele, tu un yid nella valle di Babele, tu vedesti
le ossa prosciugate del tuo popolo e perduto
fosti tu Ezechiele. E inanimato come un burattino
dal tuo supremo ti lasciasti portare in quella valle.

E ti lasciasti andare a una domanda: "Tihièna?
(Vivranno?)". Dimmi, torneranno
a vivere le ossa? Non sai se sì o no.
E allora io, cosa posso mai dire? La sventura,
non restano le ossa del popolo mio mandato a morte.

Niente su cui distendere una carne e una pelle
a coprire e in cui soffiare un fiato.
Vedi, vedi, un popolo messo a morte per intero,
un popolo morto ci fissa, guarda a noi con occhi
irrigiditi.

Vedi, vedi, teste a milioni, e mani stese davanti a
noi, contale.
E volti e labbra, vedi: su di loro è scolpita una preghiera o un grido?
Vai, toccali, non c'è niente da toccare, vuoti.
L'ho solo immaginato un popolo yiddish, li ho solo
immaginati.

Non esistono più. E sulla terra più non ci saranno.
Li ho inventati io, sì, ecco siedo e li invento.
Ma verità sono le loro pene che tu vedi, il dolore,
il dolore
del loro annientamento è vero e sconfinato.

Vedi, stanno in lungo e in largo tutti intorno a me
e tutti loro, mentre un brivido mi traversa il corpo,
mi fissano con il rimpianto agli occhi di Bentzi e
di Yomek

mi fissano tutti loro con gli occhi addolorati di mia
moglie.

Con i grandi occhi azzurri di mio fratello Berl, sì,
com'è che hanno il suo sguardo? È proprio lui, è
lui.
Cerca i suoi figli e non sa che sono qui
tra i milioni qui, non glielo dico, no.

La mia Hanna l'hanno portata via con i nostri due
figli.
La mia Hanna sa, insieme a lei furono trascinati.
Ma non sa dov'è Tzvì, né di me sa dove sono finito,
non sa della mia malasorte, non sa che vivo.

Alza gli occhi sopra di me, come li alza muti
su di me tutto l'intero popolo, ma è come se non
mi vedesse.
Vieni mia silenziosa e piena di dolore, vieni Hanna,
vieni,
guarda, senti la voce mia, e riconoscila.

Ascolta Bentzi, mio giovanotto, mio sapiente, tu
comprendi
l'Ecà/Lamentazioni dell'ultimo tra gli ultimi degli
yidn.
E tu Yomele mio, mio luminoso e mia consola-
zione,
dove sta il tuo sorriso, Yom? Sì, il sorriso, ma tu
non sorridere.

Lo temo, Yomele, il sorriso, come si può tremare
pure del sorriso. Ascoltami cantare,
ho scagliato la mano sopra l'arpa come gettare il
cuore

e che possa farci ancora più male, più dolore e rimpianto.

Ezechiele, lui no, Geremia nemmeno, non mi serve.
Li ho chiamati: “Aiutatemi, venitemi in soccorso”.
Ma non li aspetterò per il mio ultimo canto,
se ne stiano tra le loro profezie, io me ne sto con il mio immenso affanno.

15 ottobre 1943

3.

Voi dolori miei

Dolori, voi dolori miei. Felici voi yidn, felici voi
solitari superstiti che state in oltremare,
voi che non sapete, se i miei dolori aprissero la bocca
verrebbero a far buia la vostra vita, verrebbero a guastarla.

Dolori voi v'ingrandite in me, crescete di misura
per quale tormento? Per trapanarmi dentro o per strapparvi via?
Non vi strappate via da me, dolori. Crescete dentro di me, state in silenzio,
zitti mentre mi lacerate, dolori miei che diventate grandi.

Mi scavate, mi torcete alla cieca
a bocche spalancate come vermi dentro una fossa, dolori, corrosioni.
Tacete in me, con tutti i miei ammazzati, giacete e riposate.
Giacete in me dolori come vermi nel rafano, nel cuore divorato.

"Ani hagghèver", io sono l'uomo (Lamentazioni)
che ha guardato e visto
come i bambini miei, le donne mie, i miei giovani
e gli anziani miei
sono stati gettati nei vagoni, buttati come pietre,
come scarti,
battuti senza misericordia, caricati d'insulti.

Dietro il vetro della finestra ho visto i picchiatori,
Dio.
Scrutavo i picchiatori e scrutavo i battuti,
mi torcevo le mani per l'infamia, infamia e derisione atroce,
massacravano yidn, i miei yidn per mezzo di altri
yidn.

Rinnegati e branco di rinnegati con gli stivali lucidi
e sui berretti la stella di Davide come svastiche in
fronte,
e in bocca una parlata estranea, squallida e grossolana di pronuncia,
ci hanno tirato a forza fuori dalle stanze, scaraventati giù per i gradini.

Sfondavano le porte, irrompevano gridando per
ingiuria "Aiuto, aiuto"
dentro le case yiddish barricate, sollevando bastoni tra le mani.
Ci hanno scovati, bastonati e spinti nei vagoni,
vecchi e giovani,
"In strada". Sputato in faccia a Dio, profanato la
luce del mattino.

Ci hanno tirato via da sotto i letti, da dentro gli
armadi, imprecavano:

"Il treno aspetta, dritti all'inferno, alla piazza di carico, all'Umschlag, alla morte".
Dalle camere tutti ci hanno estratto e hanno frugato in cerca
dell'ultimo vestito nell'armadio, dell'ultima minestra, dell'ultima pagnotta.

E in strada puoi impazzire, guardi in strada, è follia.
La strada non esiste, è un unico serraglio, un solo grido,
la strada per tutta la distanza in alto e in basso è vuota, poi strapiena.
Carri di yidn, guarda sui carri, sopra i carri c'è spavento e pena, accatastati.

Carri di yidn. Si torcono le mani, si strappano i capelli
e alcuni stanno zitti, i silenziosi, e sembra che gridino più forte.
Guardano e il loro semplice guardare, cos'è, un brutto sogno o è vero?
E a chiudere le strade con stivali e berretti di uniforme la polizia yiddish, schifo e maledizione.

Il tedesco in disparte se la ridacchia,
il tedesco se ne sta lontano, il tedesco non s'immischia,
maledizione a me, il tedesco. Stermina i miei yidn
per mezzo di yidn. Guarda i vagoni, guarda la vergogna, guarda la sventura.

Dalla finestra ho visto i carri gremiti, ho visto
gridare il dolore fino al cielo e i sospiri sommessi e ammutoliti.

Carri stivati di dolore vivo da mandare a morte, i cavalli
si sono messi in marcia e le ruote, anche loro, hanno girato.

Voi semplici cavalli, perché pendono tristi i vostri musi?
Perché voi ruote vi muovete sconsolate? Voi sapete dove
andate e dove li conducete? Verso dove trainate
le delicate figlie del mio popolo, i miei sapienti figli?

Se voi sapeste, avreste già nitrito infuriati, già puntato
le zampe posteriori, e le anteriori come mani
contorte dalla disperazione in faccia al mondo intero,
e le ruote rotonde non avrebbero voluto più girare.

Non sanno e vanno avanti, svoltano in via Nowolipki, vedete,
per la Zamenhof, la strada porta all'Umschlag tutta sigillata, dove aspetta
un treno, aspettano vagoni vuoti che ci portano via, lontano
e rivengono vuoti il giorno dopo. E il terrore si è conficcato in me.

22 ottobre 1943

4.

I vagoni sono già qui di nuovo

Terrore, terribile spavento, m'afferra e stringe una paura immensa,
i vagoni sono già qui di nuovo. Partiti ieri sera appena
e oggi di nuovo qui, già sono fermi all'Umschlag, vedi
le bocche spalancate? E le tengono aperte, ecco il terrore.

Ne vogliono ancora. Ne vogliono di nuovo, non hanno sazietà,
sono già pronti e aspettano: yidn. Quando glieli portano?
Affamati come se non avessero ancora avuto yidn da mangiare.
E sì che li hanno avuti e ancora avuti, ma che fa? Ne vogliono di più, vogliono ancora.

Ne vogliono ancora, fermi in attesa che si apparecchi tavola,
pronti al pasto: di yidn. Da questa parte, finché ce ne sta.
Yidn, vecchio popolo di bambini piccoli, così teneri e freschi,

giovani chicchi di un antico ramo, yidn anziani come vino forte e stagionato.

Ne vogliamo ancora di yidn. Vagoni di rapina, freddi e duri,
strillano: Ancora e di più ancora. Non sanno l'abbastanza,
fermi aspettano all'Umschlag, in attesa di noi, aspettano
vagoni inferociti, ben aperti e tanti, un convoglio intero.

Erano qua pieni poco fa, insaccati di yidn, a soffocare,
ieri i morti stavano stipati in mezzo ai vivi,
morti che non potevano cadere per la calca,
da non poter conoscere chi di loro viveva e chi era morto.

A un yid morto si muoveva la testa avanti e indietro come a un vivo
e da un vivo colava il sudore d'agonia.
Un bimbo yiddish chiede alla madre morta: "Acqua, dammi una goccia d'acqua".
Le scuote il viso con le piccole mani: "Dài, che ho caldo".

E ancora, un bimbo, minuscolo tra le braccia del padre morto,
sì, bambini, pure se deboli, stremati, i bambini resistono di più.
Suo padre, un pezzo d'uomo, lui non ce l'ha fatta,
il bambino non sa, chiede lo stesso: "Su alzati, papà, vieni di fuori".

E laggiù nel vagone, laggiù da quella parte, in quell'angolo
è successo qualcosa, e cosa è capitato però nessuno sa.
Ma la gente sorride, la gente ha indovinato,
qualcuno là è saltato giù, sentite, hanno sparato.

Uno è saltato giù e gli yidn sorridono, soffocano una risata,
o yidn cari, o voi santi yidn miei, che cosa siete,
di che vi rallegrate? Sentite l'ucraino, spara dal tetto,
e allora? Almeno uno è scappato, uno almeno è riuscito a liberarsi.

E poi che fa un proiettile? Se l'augurano tutti qui nel vagone un colpo,
nessuno sarà risparmiato. Meglio che ci colga liberi all'aperto,
anziché dove? Dove siamo portati? Chi sta recitando la preghiera di lutto ad alta voce?
Ditela, ripetetela tutti e vi farà passare dal calore al freddo.

Vagoni vuoti, eravate gremiti poco fa e ora siete di nuovo svuotati,
dove li avete messi, gli yidn? Che n'è stato di loro?
Diecimila contati e sigillati, com'è che siete nuovamente qui?
Dite, vagoni, a me, vagoni vuoti, dite dov'è che siete stati?

Venite dall'aldilà, lo so che non dev'essere lontano.
Ieri da qui partiste caricati a dovere e oggi siete già qui.
Che cosa vi dà fretta, vagoni? Non avete più tempo?

Diventerete presto come me, a pezzi quanto me,
    vecchio e ingrigito.

Solo per avere guardato, visto tutto, per ascoltare
    tutto questo, guai a me.
Come lo sopportate, pure se siete di legname e
    ferro?
Ferro, stavi nelle profondità del suolo, ferro freddo.
Legno, tu eri un albero cresciuto sulla terra, alto
    e orgoglioso.

E adesso? Siete vagoni, carri merci adesso, e sta-
    te a guardare
testimoni muti di una tale merce, di tale sventura
    e di tanta miseria.
Muti e ben chiusi voi guardaste, vagoni, dite dove
portate il popolo yiddish, dove lo conducete a
    morte?

Non ne avete colpa, vi hanno stivati e vi hanno
    detto: "Andate".
Vi spediscono pieni, vi riportano vuoti qui di nuovo,
vagoni, voi venite dall'aldilà, ditemi, dite una pa-
    rola,
date un giro alle ruote, raccontate, così che io pos-
    sa sciogliere le lacrime.

26 ottobre 1943

5.

La seduta in Consiglio circa dieci...

Raccontate, vagoni, raccontate, eravate voi soli al funerale,
voi bare che li portaste vivi all'ultimo percorso,
voi morti che portaste i vivi nella fossa, li avete trasportati
all'ultima stazione. "Non chiedere," rispondono le bare.

Raccontate, narrate, fa niente che ne so più di voi, ne so l'inizio,
ho visto quell'annuncio, il Consiglio del ghetto, proprio lui mise la firma
sotto la sentenza, sì, gliel'ordinarono e obbedì,
seimila al giorno. Io conosco l'inizio, voi, voi sapete la fine.

Raccontate, io so solo l'inizio, l'inizio non è tutto, io voglio
che narriate la fine, raccontate. Vi disturba il mio pianto?
Narratemi la fine, narrate e ascolterò e piangerò in silenzio,
raccontate, sono una pietra che colpita sgocciola, un sasso che trasuda.

Raccontate, narrate o io racconterò, sì, racconto da solo
e da solo piango. Lacrimate occhi miei che avete visto.
Casse funebri, mute, ne avete di racconto per l'ultima porzione,
ma sapete come da seimila yidn si passò a diecimila al giorno?

L'altroieri ne avete portati via seimila. Seimila yidn in tutto,
portati, deportati per morire, tutti loro, perché di più da ieri?
Diecimila, diecimila tondi, guai se mancava pure un capello in meno.
E subito dal giorno successivo, dopo i primi seimila, il salto, state a sentire, udite:

come un branco di bestie inferocite irruppero nella sala del Consiglio e al più anziano,
a Czerniakow, presidente del Consiglio, dissero così:
"Non seimila, non vogliamo più seimila ebrei,
ne vogliamo dieci, dieci, dieci migliaia". Gli dissero così: breve, affilato e crudo.

"E da oggi sia esposto un manifesto per tutti gli ebrei:
'Diecimila di voi, domani sarà la vostra quota'." E uscirono.
Il presidente pallido crolla sulla poltrona, al tavolo verde.
Tu firmi? Sottoscriverai per diecimila? In cosa diecimila è peggio di seimila?

Czerniakow? Ingegnere Czerniakow? Adamie? Che ne dici, hai sentito?
Siamo a dieci? È parecchio di più, sì, ma senti, Adamie, senti, cosa? Che ti piglia? Hai intenzione
davvero? Eh? La tua segretaria, lei non sa che cosa stai rimuginando,
perché la mandi fuori, Adamie? Già, piangi, piangi, piangi.

Cosa piangi? Malgrado tutto sei un brav'uomo, ma detto tra di noi
sei un yid da quattro soldi, hai scrupolo per diecimila? E seimila, eh? Ti andava bene?
Ora ti arrabbi, con chi, fammi sapere? Ah, con te stesso, ti colpisci il petto,
la dose di veleno, fallo subito, presto, stanno entrando i membri del Consiglio.

Sei un yid da quattro soldi, Adamie, ti avveleni, ti ammazzi da te stesso?
Gli yidn li si ammazza, ma farsi ammazzare esige una energia tanto maggiore.
Macché, niente da fare, bevi? Te ne lavi le mani Adamie, così ne esci pulito?
La tua vita, sì, la tua vita, razza di rinnegato, già la tua morte ha un poco più di peso.

Che se ne ricava? Tu no, tu di sicuro no, però il Consiglio
accetterà. Ci si rivolge a loro? Si sa che è solo per formalità.
Ne vogliono diecimila, fanno di sì con la testa. I tuoi stessi dubbi miserabili, Adamie, che avesti
per i seimila. Fanno sì con la testa. Li rode e se li mangia il tuo stesso verme.

Adamie, sst, è già morto, il presidente siede morto in poltrona e aspetta,
gli occhi chiusi nella faccia aperta, la testa gettata di lato, siede alla presidenza.
Il Consiglio arriva, bussa, che avrà da rinserrarsi il presidente?
Ha riaggiornato la convocazione, in seduta plenaria, bussate, su bussate.

Sembrò che dall'interno qualcuno rispondesse loro: "Avanti".
Fu solo un'impressione, sì, il presidente siede morto al suo scranno.
Signor presidente? Ci hai convocati tu? Si ha da fare una seduta dunque.
Noi siamo qui, siamo presenti tutti al gran completo.

E adesso? Cosa adesso? Telefonare, no, si arrabbieranno,
potrebbero, non dite niente. Facciamo che è vivo pure se è morto. Ma che fare adesso?
Adesso tenere la seduta. Diecimila, sì, diecimila. A bassa voce, pallidi, in silenzio,
si è riunito il Consiglio intorno al tavolo verde e ha deliberato.

A capo il presidente e dopo i componenti dell'intero Consiglio,
capelli dritti in testa, il sangue raggelato nelle vene,
qualcuno prende la parola, la lingua gli tremava in bocca come foglia,
tutti stanno in ascolto, il presidente morto dirige la seduta come usava.

29 ottobre 1943

6.
I primi

E si comincia: dieci al giorno, diecimila yidn in
un giorno,
non dura molto, non a lungo. Si arrivò presto a
quindicimila,
la città degli yidn, Varshe (Varsavia) la recintata,
la murata, la città
mi scomparve davanti agli occhi, andata via, dissolta come neve.

Varshe, l'antica yiddish, piena come il tempio a
Kippur, come un mercato il giorno della festa,
yidn di Varshe, yidn bottegai di mercato, yidn
alla preghiera in sinagoga,
sia tristi che gioiosi, yid in cerca di companatico
e di Dio.
Varshe con la muraglia intorno, la rinchiusa, era
piena di voi.

Ora sei deserta. Ora sei vuota. Ora sei svuotata
per intero.
Ora sei un cimitero, un camposanto abbandonato, peggio che deserto.
Le strade morte, non si vede un'ombra che si aggiri,

le case aperte, nessuno esce o rientra nelle case
fantasma.

I primi messi a morte furono i bambini, gli orfani
abbandonati, vale a dire
il meglio al mondo, quanto di più bello possiede
questa terra oscura.
Dagli orfani smarriti nell'asilo una consolazione
sarebbe giunta a noi,
dai più tristi e muti dei loro visi pieni d'ombra
poteva per noi splendere la luce del mattino.

Sì, sì, fine d'inverno del quarantadue sono stato
in un orfanotrofio
e ho visto bambini appena raccolti dalla strada.
Li ho osservati da un angolino,
sulle ginocchia di un'istitutrice ho visto una bimbetta di due anni
magrolina, pallida come una candela, gli occhi
pensosi, guardavo intensamente.

La osservavo, vecchietta di due anni, nonna centenaria,
già vecchia la ragazzina yid con la sua serietà e il
suo dolore che non ha misura.
Quello che neanche in sogno sua nonna vide mai,
la ragazzina ha visto per davvero,
mi è venuto da piangere e mi son detto: non piangere, il dolore svanisce e resterà la sua triste
serietà.

Resta la serietà, si riversa nel mondo, nella vita e
dà sostegno,
la serietà yiddish fa smaltire la sbornia, sveglia,
spalanca gli occhi ciechi,

è come una Torà del mondo, profezia, una scrittura santa,
non piangere, non piangere, ottanta milioni di assassini contro la serietà di una bambina yiddish.

Niente lacrime, ho visto una bambina di cinque anni in quel posto,
nutriva un fratellino sofferente, più piccino di lei,
inzuppava pezzetti di pane secco in una marmellata diluita,
glieli ficcava in bocca con una sveltezza, ho avuto in sorte

di vederlo, di vedere la mamma di cinque anni come lo nutriva, i discorsi
che gli faceva, ho udito. Mia madre, unica al mondo, non riusciva a inventarsene di simili.
Gli asciugava una lacrima con una risatella, gli infondeva parlando un'allegria,
bambina yiddish. Il grande Sholem Alekhem non poteva far meglio, e io l'ho visto.

Ho visto la miseria profonda lì in quell'orfanotrofio, poi in un'altra
sala, anche lì, anche lì incalzava un freddo amaro,
di lontano una marmitta su un bidone gettava sopra un mucchio di bambini un bel chiarore,
i bambini mezzi nudi si erano sistemati intorno al carbone lucente.

Brillava il carbone, una gambetta, una piccola mano gelata si allungava,
una spalluccia scoperta, uno con gli occhi neri, pallido, un ragazzino

raccontava una storia. Non era una storiella, era fervido, ardente,
Isaia, tu, sì tu, non ti infiammasti come lui, non hai posseduto una tale lingua yiddish.

Parlava un yiddish misto a lingua sacra. Anzi, era lingua sacra pura.
Ascolta, ascolta, guarda i suoi occhi yiddish, la fronte e come leva
in su la testa, Isaia, non sei stato mai come lui piccolo e grande,
né così bravo, pieno di verità, e fede non ne hai avuta così tanta.

Non era solo lui così, in quell'orfanotrofio, il ragazzino che così narrava,
ma pure le sue piccole sorelle e i fratellini che stavano in ascolto a bocche aperte.
Ah no, voi nazioni tutte, città di vecchia Europa o da poco fondate,
il mondo ancora non ha visto niente di comparabile, né qualcosa di simile la terra.

Furono i primi uccisi, i bambini yiddish, tutti loro, il mazzo
dei senza padre e madre, bambini divorati dal freddo, pidocchi e fame,
santi messia santificati dalle sofferenze. Dite, per quale punizione?
Perché nei giorni di sterminio pagarono per primi al male il maggior prezzo?

Furono i primi, afferrati per essere messi a morte, i primi sopra il carro,

li hanno scaraventati nei grandi vagoni come mucchi di stracci, spazzatura,
deportati, ammazzati, annientati, non c'è traccia
di loro, dei migliori dei miei, niente è restato. Guai a me, sventura su di me, maledizione.

2, 3, 4 novembre 1943

7.

Troppo tardi

Guai a me, perché sapevo e i miei vicini pure e ogni e qualunque yid,
noi tutti, grandi e piccoli, dal vecchio al giovane, noi lo sapevamo.
Ma dalla bocca non è uscito niente, sst. Ce lo siamo tenuto chiuso dentro,
messo nella sordina del pensiero, soffocato nel petto.

Prima ancora che le canaglie ci chiudessero tutti nel serraglio dei ghetti,
prima di Chelmno, Belgiz, anche di Ponari, prima della nostra fine,
subito a inizio guerra incontrando un amico per la strada, cominciammo, ricordo,
ad abbassare gli occhi e forte, forte stringerci le mani.

Non le labbra né gli occhi, nemmeno una parola, gli occhi temevano perfino
di guardare in su, gli sguardi denunciano come parole chiare ciò che si cerca di...
Le mani, le mute mani loro non avevano paura di dire ad alta voce

"tekel, tekel" (pesato, sei stato pesato) come le invisibili parole scritte su una parete.

Non solo noi, ma i muri, i muri in ogni casa e ogni pietra di strada
sapevano come lo sapevamo noi, come noi. E chi? Chi glielo aveva detto?
Muri ci fissavano apposta muti, sbiaditi, ostili,
apposta ci guardavano le pietre, tacendo e avvisando.

Noi tutti, noi lo sapevamo, il pesce nell'acqua e l'uccello sul tetto,
i popoli d'intorno: "Ci fanno fuori, ci fanno fuori tutti".
Senza uno straccio di: perché? Quattro e quattr'otto, è cosa stabilita, confermata:
ammazzarlo il popolo yiddish, annientarlo dal più piccolo al grande.

Da quando è scoppiata la guerra di Hitler, assassina e sorda come Hitler,
quando irruppe nella Polonia l'orda barbarica tedesca
il popolo yiddish ha lasciato le sue città e i villaggi, un bimbo nella culla
non è rimasto, nessun vecchio abitante è restato al suo posto.

Sono scappati, dove? Non domandare: dove? Dove correte voi, per dove?
Non chiedere a nessuno: ma perché? Buon per te se non sai. Non domandare.
E non dare consigli, a nessuno, non dissuadere e non indurre nessuno

a rimanere al caldo a casa sua o a mettersi con gli altri sulla strada.

A casa entrano sfondando le dimore yiddish e lì fanno di tutto,
senza essere visti né sentiti, uccidono o peggio trascinano, sì, trascinano.
E sulle strade affollate e strette vedi, vedi: come volano bassi su di loro i Messerschmitt.
Vedi i piloti eroici, i mitraglieri sugli yidn, sulle loro teste magre.

Non devi consigliar niente a nessuno, non al vicino né al prossimo tuo,
che in affanno ha fissato su di te gli occhi supplicando come un servo, di un servo
che ti chiede pietà: "Che cosa fare?". Neanche se tu fossi il Padreterno.
Non dirgli niente, niente. Quello che gli dirai sarà il suo danno.

Tutte le vie, le strade e le autostrade sprofondavano sotto il peso
yiddish, un peso senza sacchi sulle spalle, senza bagagli in mano,
fuggivano caricati di terrore, fuggivano a precipizio e con affanno
e senza una speranza, ah un'altra terra, come si fa a raggiungere un'altra terra.

Troppo tardi, è troppo tardi, ancora l'altroieri, ieri pure, perfino stamattina si poteva
con un autobus, un treno, un carro merci verso qualche confine,
adesso è troppo tardi e adesso? Le gambe se ne

stanno inchiodate e le braccia, pendono le braccia,
troppo tardi, ormai le vie di uscita sono chiuse, e sbarrate le porte.

Alla radio un tedesco in polacco ha annunciato: "Ci siamo, arriviamo, stiamo entrando.
Stiamo marciando, che nessuno, nessuno si spaventi di noi.
Non faremo alcun male alla tranquilla popolazione civile,
ma l'ebreo – gridò di colpo forte nella radio –, l'ebreo deve tremare".

Era mercoledì, mercoledì tremendo, alle ore due di notte
gli yidn sconvolti si riversarono sulle strade di Polonia, chi da una parte,
chi da un'altra, Dio, si va più liberi e sicuri in mezzo a una battaglia,
così ha più senso su questa terra infame giocarsela, la vita.

Si scappa da Bendin a Czestokowa, Kalish va a Lodz e Lodz
è andata a Varshe, quelli di Varshe pure loro hanno abbandonato le case nel terrore,
yidn forestieri si sono trovati addosso un freddo estraneo in case da altri yidn abbandonate,
e il terrore, il terrore dal quale eran fuggiti li assale da ogni angolo segreto.

Tutto il popolo yiddish, quelli di "io resto qua", le schiere del Bund,
i pretesi devoti, gli ortodossi dell'Agudà, i sionisti, quelli che l'avevano già detto,

miseri bottegai, tutti si sono svegliati all'improvviso, il bubbone è scoppiato.
In terra d'Israele, salvarsi, mettetevi in salvo. Ma era diventato troppo tardi.

7-12 novembre 1943

8.

Tutt'una rovinata e devastata patria

Troppo tardi, tutte le vie sbarrate, tutti i confini e
i transiti bloccati.
Quaggiù per noi la terra si è richiusa, come il cielo
là sopra.
Con gli spasmi di affanno si arrivava a Lublino e
oltre ancora e con questo, che cosa?
La morte c'inseguiva per strada con sangue, fuoco
e fumo.

Si correva ma senza raggiungere uno scampo, e
gli scampati, quelli fortunati,
arrivati coi piedi gonfi e laceri a una pretesa meta
si guardano intorno cupi e sconfortati e vogliono
tornare alla partenza.
Indietro, a casa, sì, facciamo marcia indietro, si va
a casa, e sia quello che sia.

E si faceva marcia indietro, tristi le strade di ri-
torno, Dio.
La stessa penitenza dell'andata, l'identica paura,
uguale il rischio.
E allora? A casa. Se si deve morire: nella propria
città,

nella mia strada, nella mia stanza, nel mio letto,
a casa, nella disgrazia a casa.

E si tornava indietro, uno, peggio per lui, arrivava, un altro, peggio per lui, no.
Ognuno di loro, o sulla via di casa o già arrivato, è finito male.
Un uomo, ucciso in strada o impiccato a un albero nel bosco, è un yid.
Per un yid che è tornato non esiste casa, che sia giorno o sia notte.

Non può farsi vedere, né a casa sua o nel caseggiato o nella via che abita,
già sono andati a cercarlo, un tedesco, che ieri era un polacco, oggi uno di origini tedesche.
"Tu qui? Non sei partito? Credevo che ti fossi messo in salvo," esclama sbalordito
un buon amico, molto spaventato, incontrato in un vicolo per caso.

Le sinagoghe bruciano insieme ai libri della Torà, torturati i rabbi, tu,
sei stato in una sinagoga? Lo scrigno santo sta vicino al muro est, lo sai,
e la pedana sta giusto nel mezzo e il rav, rav Yossele dov'è?
Corre tutt'intorno alla pedana. Con una grossa frusta un tedesco in mezzo ai suoi compari gli comanda.

Il rav è vecchio, basso di statura, un po' ingobbito, sghembo,
ha pure un'ernia, non è bello, eh? S'incurva e corre, ecco che cade.

La frusta lo colpisce sulla gobba, il pubblico tedesco osserva e ghigna.
Rav solleva il tuo viso luminoso e falli vergognare, no, nascondi, nascondilo.

Il tuo volto di santo, rav, dal tuo volto si sparge una luce così intensa,
la tua luce non si posi su loro, sia il sole sputtanato a profanare il suo lume,
sia il cielo in alto a prostituire il suo blu, ad affacciarsi sui loro musi infami.
Sei più bello del sole, rav, più nobile del cielo, non fare come loro.

Alzati, rav, in piedi, il tedesco strepita collerico, ordina di fermarti,
ti ordina di aprire la bocca, aprila bene, vuole che lo shammàsh (l'aiutante) ci sputi dentro.
Il rav ha aperto bene la sua bocca, lo shammàsh, poveretto, scoppia in pianto.
"Come posso, Eccellenza? Come posso, lui è il rav, il nostro rav, è una bestemmia."

"Sputa dentro, svelto sputami in bocca, scemo di uno shammàsh."
Lo shammàsh si butta ai piedi dell'ufficiale: "Come posso, Eccellenza? Come faccio a sputare?
È il nostro rav, è Yossele". Il rav gli grida: "Sputa, che ti sta per sparare".
Lo shammàsh obbedisce, fa una finta di sputo, il tedesco gli assesta uno spintone:

"Guarda, guarda bene e impara, tu sporco ebreo, guarda come si sputa".
E il tedesco ha sputato nella bocca aperta del rav: "Ingoialo".

Il rav ha ingoiato e il tedesco rivolto allo shammàsh, indicandogli il rav:
"Vedi, lui obbedisce". Lo shammàsh si è preso la testa tra le mani.

Il proiettile ha preso lo shammàsh a una gamba. "E adesso, voi due in piedi."
Zoppicando lo shammàsh accompagna il vecchio rav fuori dal tempio,
a stento ce la fa, il rav che ha corso intorno alla pedana, che ha corso nella casa di Dio,
lo accompagna lento sotto i colpi sferzanti della frusta, colpisci, la misura non è ancora riempita.

Non è riempita, prima che il rav con lo shammàsh raggiungano la casa lentamente, vedete,
una colonna di fumo dritta in cielo e spiccano le fiamme da quel fumo: dove brucia e che cosa?
Brucia il tempio, brucia lo scrigno santo, i libri di Torà, le città yiddish.
Il rav fissa l'incendio, lo shammàsh lo sostiene: ora sì, la misura si è riempita.

"Di', tu fuggito nel terrore, perché sei ritornato qui di nuovo?
Sei andato via, perché non sei restato in un posto straniero da infelice?
Potevi fare a meno di vedere in pena la tua patria, sotto il peso,
vedere come sanguina, torturata senza una ragione, ridotta alla vergogna.

Di' per che cosa, di'." Il ritornato a casa va triste e ammutolito, un minimo sorriso si coagula in faccia come su un'argilla,

tace per un momento, poi si guarda intorno, si guarda intorno con perfetto terrore:
"Vengo adesso da casa, dappertutto è un'unica rovina, un'unica dimora devastata".

16, 17, 18 novembre 1943

9.

Ai cieli

E cominciò così, subito nel principio. Cieli, dite perché? Per cosa?
Perché ci tocca di essere oltraggiati sopra la grande terra?
Sta come a occhi chiusi la terra sordomuta, ma voi cieli avete visto bene.
Siete stati a guardare dalle altezze, da lassù, e non vi siete rivoltati.

Il vostro azzurro da tre soldi non si è velato neanche di una nuvola e ha continuato a scintillare falso,
il sole in rosso, come un boia qualunque, ha continuato a rotolare in cerchio,
e la luna, incallita prostituta, passeggiava su e giù lungo le notti,
e le stelle ammiccavano schifose, facevano occhiolino come i topi.

Andate via, non vi voglio guardare, non vi voglio vedere né sapere di voi.
Cieli falsi, bugiardi, bassifondi di cieli delle altezze, quanto mi rammarico

di avere avuto un tempo fede in voi, confidato la gioia, la mia tristezza, lacrima e sorriso,
non siete meglio della terra infame, gran mucchio di rifiuti.

Ho avuto fede in voi, cieli, vi ho cantati nelle poesie, nelle canzoni,
ho amato voi come si ama una donna, andata via, svanita come schiuma,
nella mia prima giovinezza ho comparato il sole che è tra voi, il sole in fiamme all'ora del tramonto,
con la mia speranza: "Così scompare quella mia speranza, così si estingue il sogno".

Andate via, andatevene via, voi ci avete ingannato, truffato la mia gente, raggirato la mia stirpe antica.
Da sempre ci ingannate, ingannaste i miei padri, i miei profeti.
A voi, verso di voi sollevarono gli occhi, furono accesi dalla vostra fiamma,
i più fedeli a voi sopra la terra, su questa terra hanno aspirato a voi con nostalgia.

Vollero voi, per primi vi esclamarono: "Hazìnu" (Sentite), davanti a voi: "Ascoltate".
Più tardi venne il turno della terra. Così fu il mio Mosè, così fu il mio Isaia: "Shim'ù", ascoltate.
E "Shòimu," grida Geremia: "Shòimu" (Siate desolati). A chi se non a voi? Cosa vi ha reso estranei all'improvviso?
Cieli aperti, luminosi voi cieli delle altezze, siete come la terra.

Non conoscete e non riconoscete più noialtri, perché? Forse che siamo
così tanto cambiati? Così diversi? Siamo gli stessi yidn di una volta
e migliori di molto, non io, non io mi voglio comparare ai profeti, non io posso,
ma gli yidn tutti, quelli mandati a morte, i miei milioni qui di assassinati in una volta sola.

Essi sono migliori, più scelti e più purificati nell'esilio. Che cosa rappresenta
un yid, un grande, uno di quei tempi al cospetto di un piccolo di ora, uno semplice, un yid qualunque
in Polonia, Lituania, Volinia, in ogni esilio? Da ognuno di questi yidn esce il lamento e il grido
di un Geremia, di un Giobbe tra i dolori, un re ingannato che ha il canto di Kohèlet nelle mani.

Non conoscete e non riconoscete più nessuno di noialtri, come se ci spacciassimo per altri,
mentre siamo gli identici yidn di una volta, che si fanno del torto da se stessi,
che rinunciano alla felicità individuale perché vogliono riscattare il mondo.
Che avete da restare azzurri, cieli, mentre stanno distruggendo? Che avete da esser belli?

Farò come Shaùl (Saul), quel mio re, nei tormenti a cercare un'indovina,
mi troverò la disperata strada tenebrosa che porta a Ain Dor
e chiamerò a uscire fuori dalla terra tutti i miei profeti: "Guardate in su, guardate
ai vostri cieli chiari e sputate in faccia a loro: 'Siate maledetti. Che siate maledetti'".

Voi cieli guardaste di là sopra deportare i bambini del mio popolo
sui fiumi, in ferrovia, a piedi, durante giorni chiari e notti buie verso la morte,
milioni di bambini mentre venivano ammazzati alzavano le braccia verso voi. Questo non vi ha sfiorato.
Milioni di nobili madri e di padri, ma non ha tremato la vostra pelle azzurra.

Voi vedeste gli Yomele, undicenni, bontà e consolazione, consolazione pura,
e i Bentzi, i giovani sapienti, seri, sempre in ricerca, conforto di qualunque cosa viva.
Vedeste le Hanna che li ebbero nel grembo, che li hanno consacrati a Dio nella sua casa,
voi guardaste. Non avete alcun Dio dentro di voi, cieli, cieli da niente, cieli svaporati.

Voi non avete un Dio. Spalancate le porte, cieli, apritele per bene,
fateci entrare dentro tutti quanti i bambini del mio popolo torturato e messo a morte,
aprite loro il grande viaggio al cielo, tutto un popolo messo in croce carico di pena,
fate entrare. Ognuno di quei miei bambini uccisi può essere un Dio.

Cieli svuotati e desolati, cieli come un deserto vasto e vuoto, ho
in voi perduto il mio Dio solitario, e quelli ne hanno in voi addirittura tre:
il Dio yiddish, il suo Spirito e l'yid di Galilea da loro fatto appendere, ma era poco,
ci hanno spedito in cielo tutti quanti. Idolatria volgare e disgustosa.

Rallegratevi cieli, siate lieti. Eravate in miseria e ora siete ricchi,
un tale raccolto benedetto, tutto un intero popolo, che fortuna vi è capitata, cieli.
Rallegratevi cieli di là sopra con i tedeschi e i tedeschi si rallegrino con voi,
e possa un fuoco dalla terra arrivare fino a voi e possa un fuoco da voi precipitare per ardere la terra.

23, 24, 25, 26 novembre 1943

10.
Nell'inizio della fine

È iniziato così, subito il primo giorno e il giorno dopo ancora.
E da capo e di nuovo. Di nuovo ogni mattina si iniziava.
Appena ieri, la sventura non ha fatto in tempo a invecchiare che oggi all'alba: senti, già una disgrazia nuova.
Una paura nuova e un terrore mortale, la morte ci accompagna, segue come un'ombra.

Ogni giorno sotto gli occhi di un yid capita qualcosa a un altro yid,
qualcosa: prendersi un proiettile e cadere, è all'incirca il qualcosa.
Un'auto si è fermata, si è aperto lo sportello, acciuffato un yid, portato via.
Meglio uccisi per strada, meglio essere abbattuti da un proiettile.

Nei primi giorni d'invasione in città non ho dormito a casa,
di notte andavo da un vicino, una notte mi accompagnò mia moglie,

nel buio un ufficiale si è fermato, mi ha squadrato, solo per un momento,
poi se n'è andato. Dieci passi dietro di noi si è sentito uno sparo, ha ucciso un altro.

Ma è noi, è noi che ha ucciso, Hannele, sia te che me, cercava un yid,
di noi non era certo. Hai visto come scrutava il maledetto?
Noi non abbiamo accelerato o rallentato il passo di un capello
tra la vita e la morte. Un yid un po' più tipico, più certo, è finito da preda per la belva.

Hanna, noi, tutti noi ha ucciso in quell'orribile momento,
sia te, che me, i bambini nostri, tutto il popolo yiddish in terra altrui.
Con uno sguardo di metallo ci ha pesati, ha proseguito oltre e ha distrutto.
Soppesati di notte in una via remota, tu mi stringi la mano irrigidita.

Fredde le tue, Hanna, come le mie. Ci ha uccisi, vai a casa e non dire ai bambini
che un tedesco incontrato si è fermato, biondo, ci ha scrutato a lungo
e poi ci ha ucciso, noi, loro e tutto il mio popolo. Non raccontare loro, Dio non voglia,
vai a casa e fai finta di niente, Hanna, Hannele, cosa guardi con tanto rimorso?

Vai a casa e domattina molto presto, appena giorno, sono da voi,
aspetterò un momento e suonerò leggero, lo sentirai e lo riconoscerai, lo scampanellare.

Alzati dal letto lentamente, metti qualcosa addosso e apri alla svelta,
portami dai bambini, bimbi miei piccini, vivi, belli, pieni di età futura.

Guarda, guarda Yomele si è svegliato con un sorrisino, Yom, piccolo mio caro.
E Bentzi ha infilato le mani sotto il cuscino, prova a ricordare
dove ha lasciato il libro prima di addormentarsi, una tastata e trova
la pagina, il rigo successivo. Perché, Hannele, ragazzi, perché vi hanno ammazzato?

Hannele, stanotte resto con voi, non andrò più di notte fuori casa,
a che serve proteggersi se siamo già morti, condannati, già designati a morte?
Abbiamo già sperimentato il peggio, già ci hanno assassinati.
Hai visto quel tedesco? Il suo sguardo? Mai più la nostra pelle tremerà così.

Era il diavolo, la bestia dell'inferno, lo sporco e l'immondizia.
Il sanguinario, incarnazione di malvagità e di odio inventato
contro l'indifeso che è nel suo diritto, per tutto ciò che è buono sulla terra e che non ha riparo.
Un tedesco, il tedesco di via Gdanska che si è fermato e ci ha squadrato freddo.

Era Hitler, Himmler, Alfred Rosenberg, no, tutti i tedeschi insieme,
il popolo completo, il peggiore, che ha perso la coscienza, stava davanti agli occhi.

Hanna, se gli sparavo in quel momento, se in quel minuto avevo tra le mani di che farlo,
salvavo tutto il popolo, te, me stesso, pure i nostri bambini.

Si sono risvegliati, non dire loro niente. Che cosa stai facendo? Adesso strappi via
i bottoni lucenti, i nastri azzurri dalle tre mantelline della scuola.
E cuci i contrassegni di vergogna per noi due e per il figlio maggiore, sì, è cresciuto.
Se lo stacca, non vuole portarlo, Yomek, piccolo mio, perché abbassi la testa?

Il mio Yomek non sa che ci hanno ucciso, che vogliono ammazzarci, o mondo.
Il popolo tedesco tutto quanto vale neanche una lacrima di un bimbo yid infelice,
se lui sapesse, lui che è la mia allegria. Un freddo, un freddo mi trapassa,
guai a me che non sono accecato, lieti, felici voi bambini yiddish perché siete ciechi.

Hannele, tu hai forza, Hanna, e non sapevo fino a quale punto.
Vuoi stare qui da sola? Con i bambini, qui? E a me dici: "Parti, parti, fai presto.
Vai a Varshe". Non volevo, però sono partito per Varshe, lo dovevo,
avevo gli occhi secchi alla partenza, lacrime chiuse in gola.

E in meno di due mesi vi hanno espulsi di casa, tu e i figli.
Vi siete messi in salvo presso di me a Varshe, abbiamo visto insieme

l'inizio della fine. In quella stessa fine non c'eravate più, tu, Yomek e Bentzi,
sono rimasto solo col maggiore a guardare la fine di noi tutti nel fuoco e nelle fiamme.

4, 5, 6 dicembre 1943

11.
Ricordi?

Amo dire il tuo nome, amo la sua pronuncia: Hannele. Amo
verso di te rivolgermi, dopo la tua scomparsa insieme alla mia gente. Mi rispondi, mi offri
lo sguardo dei tuoi occhi luminosi, il piccolo sorriso delle labbra, triste e buono.
Amo chiamarti nel mio star da solo, nella mia solitudine ti chiedo: "Ti ricordi?".

Ricordi? Mi piace domandare se ricordi. Hannele, vieni, vieni più vicino,
posa sulla mia spalla la tua nobile testa, i tuoi capelli neri con una ciocca bianca.
Prendimi in braccio, dammi vita, forza. Ti ho chiamato fuori dalla tua pace,
non riposare, Hannele, che mai possa guarire in un dimenticare l'ulcera mia infinita.

Siediti qui con me, ti amo così tanto. Nel mio impetuoso amore ascolta ciò che dico,
stammi a sentire, senti. Mi rallegri, nella peggiore malasorte, Hannele, moglie mia.
In nostra immensa pena, nella fine, io ti fecondo per i mondi a venire, resta incinta

dei frutti del mio compito di accusa, come miei figli
in te, porta, sopporta nei colpevoli mondi, acerbi e grigi.

Ricordi la più brutale, la più spaventosa, la più
spietata cosa al mondo.
Ricordi? Lo so che ti ricordi, l'hai portata con te
dentro le eternità.
Tu e i figli, voi ricorderete sempre l'assassinio del
vostro popolo e il suo prezzo,
e anch'io, temo soltanto che, mai venga quell'ora,
me ne scordi.

Ho sempre avuto più fiducia in te, che in me, come
se io fossi
il tuo tramite, obbedissi alla tua volontà celeste
facendo ciò che chiedi.
Mi hai sobbarcato di obblighi, li ho saldati con tremito e con gioia:
il mio popolo ho amato, l'ho seguito in esilio, l'ho
cantato nella speranza e nell'angoscia.

Ti ricordi la casa di via Twarda, quella nel Ghetto
Piccolo, con l'orfanotrofio?
I cinquanta bambini? Una sorgente viva, per loro
scrissi un'opera teatrale,
ricordi i bambini in *La strada mi ha cresciuto*?
Recitando crescevano, si facevano grandi,
e con loro il mio dramma. Più di me ci investivano cuore e sentimenti.

E ti ricordi il giorno: ci dissero: "Anche loro, hanno portato via anche loro,
con Dombrowski e sua moglie", i loro due fedeli
istitutori, amici miei.

Sono andato di corsa al ponticello di via Chlodna, non dissi dove andavo.
Nel Ghetto Piccolo correvano soltanto gatti e cani, il sole continuava a scintillare.

Nel Ghetto Piccolo non ho incontrato yidn. Dove no e dove sì,
vedevo un'ombra scivolare, un sacco sulla schiena e dal sacco riconoscevo che era un yid,
andava svelto, il sacco lo aiutava, lo spingeva: "Vai, vai, è passata".
Più niente, né via Eisen, né via Gzibow, la Krochmalna, la Walizow e nemmeno via Twarda, fine, mercato chiuso.

Da via Chepla sono sulla Twarda, giro a sinistra al 7, filo come una freccia
sotto l'arco, il portone, sulle scale, su al secondo piano, porta aperta:
mi fermo e voglio e voglio e voglio, ma non riesco a entrare,
non riesco a passare quella soglia, resto fermo davanti a quella porta, senza un movimento.

Ho sentito. Qualcuno s'avvicina: al portone? Sulle scale? Uno sciacallo o peggio un tedesco?
Entro in un lungo corridoio, tutte le porte aperte, spalancate, di destra e di sinistra,
e il sole entra da qualche parte e inonda il corridoio, uno scroscio di raggi innumerevoli e insensati,
mi brucia gli occhi e me li acceca. Ricada su di lui il mio stordimento.

Le mantelline, quelle davano luce al corridoio. Qualcuna l'ho riconosciuta

e l'ho toccata: il piccolo Abba aveva il ruolo del robivecchi che arriva nel cortile.
Sollevava la testa, gli occhi in su rivolti alle finestre e si sbracciava:
"Buttate nel mio sacco, yidn. Rattoppi, stracci, pezze da buttare, pezze sporche, le compro".

Il piccolo paltò è quello di Arek, il protagonista, cresciuto nella strada di *La strada mi ha cresciuto*.
Inganna l'insegnante: "Devo tornare a casa". Lo inganna ripetendo:
"La mamma si è ammalata" e poi dice a un compagno: "Su, si va a cantare in un cortile, io ballo e suono".
Dopo il primo cortile torna in classe e apprende che sua madre è malata per davvero.

E questa mantellina nuova è di Pinhele, che bambino caro, il figlio di Hershele, il poeta.
Hershele un anno fa morì di fame e il suo orfanello, il figlio
recitava la parte di un giovane affamato che scippa da un paniere una pagnotta,
la mangia con il sangue che gli cola e dice con il pianto nella gola di non saperne niente.

Entro in una classe e ne esco di corsa spaventato, corro in sala da pranzo e da lì ancora
da David, da Dombrowski il maestro, neanche lui, non c'è, né lui né loro.
Anche loro due, come Wilshinska e Korczak, presi e portati via con gli orfani in quel posto
dove neanche i genitori li avrebbero accompagnati. In terra rimaneva sparpagliato un gran mucchio di carta.

Ho frugato in mezzo a quelle carte sparse. Gettate
le mie opere nel fuoco
e salvate uno solo di quei cinquanta orfani, i miei
cari.
Hannele, ricordi, invece di un bambino yiddish,
di un orfano, da via Twarda ho portato a casa
un mozzicone.
La strada mi ha cresciuto, dei tre quaderni, quello
di mezzo, un mozzicone senza testa e coda.

14,15,16 dicembre 1943

12.

La via Mila

In Varshe c'è una strada, la via Mila. Strappatevi i cuori dal torace
e metteteci pietre al loro posto, strappatevi dal cranio gli occhi zuppi
e metteteci dei cocci di vetro, come se niente aveste conosciuto e visto,
tappatevi le orecchie, non sentite, siate sordi. Comincio a raccontare la via Mila.

In Varshe c'è una strada, la via Mila. Chi sta piangendo? E così in silenzio? Non io, no che non piango.
La via Mila è al di sopra delle lacrime, nessun yid la piange. Gli altri popoli forse, se vedessero
scoppierebbero in pianto, amaro e anche terribile,
ma nessun altro popolo quel giorno, dentro il ghetto, in via Mila, era presente.

Yidn e tedeschi, yidn, yidn, yidn, così tanti e di più ancora,
già trecentocinquantamila yidn della sola Varshe sono stati ammazzati,

i vecchi fucilati al cimitero, gli altri portati fuori di città
verso Treblinka. Eppure la via Mila è gremita, strapiena come i vagoni, guarda e sbalordisci.

Spuntano da dove? Se li hanno già ammazzati tutti, sparati, soffocati con il gas.
Questi sono gli yidn di officina, il lotto di via Nowolipie e il lotto di via Lesh,
gli yidn coi numerini, gli yidn fortunati che hanno avuto la sorte
di intrufolarsi dentro un'officina, l'ultima frazione degli yidn, il resto, il rimasuglio.

Yidn di quelle due officine e yidn di via Gensha, di più lontano, gli yidn impiegati del Consiglio,
quelli col distintivo sopra il petto, scope in mano a spazzare le strade svuotate,
gli yidn detti "plazuvke" che lavorano all'esterno del ghetto ed escono cantando ogni mattina,
yidn dai nascondigli, ci sono ancora yidn dentro Varshe, non credevo.

Magari non ci fossero mai stati. Che mai fossero nati sulla terra,
e se nati già, che gli avessero tolto il diritto di vivere,
prima di dover vedere la via Mila, e che via dentro Varshe, sentite, udite tutti:
è solo un bene che non esista un dio, anche se è male, assai, senza di lui.

Ma se ci fosse, pure peggio sarebbe. Sia Dio che la via Mila, che accoppiata.
Tirate fuori i vostri bambini, nascosti pure dentro le valigie, scagliateli e sfracellateli sul muro.

Appiccate un incendio e saltateci dentro, torcetevi
le mani, strappatevi i capelli.
Esiste un dio. Che razza d'ingiustizia, che presa
in giro, che grandiosa infamia.

Presto prima dell'alba, prima ancora che si faces-
se il giorno cattivo e maledetto,
si sapeva nei nascondigli di cantine e soffitte e dap-
pertutto:
"Tutti gli ebrei devono prima delle dieci, neanche
un capello dopo, presentarsi in via Mila,
possono portare solo bagaglio a mano e chi rimane
in casa verrà fucilato sul posto".

Fin da mattino presto da ogni parte cominciò un
grande andirivieni in massa,
uscivano all'aperto dalle cantine, scendevano dai
solai, si capiva subito
dove ognuno si era rifugiato. I malati dai letti, to'
non stanno poi così male,
ma non dare una mano a camminare, non sor-
reggerli e non tirarli su se vanno in terra.

Si va nella via Mila. Tutti noi andiamo alla via Mila,
tempo un'ora
e non si troverà nessun yid vivo in via Gelna, in via
Pave, e son le nove appena.
Varshe in un'ora sarà uguale a tutte le altre città
yiddish
e ai villaggi in Polonia, in Lituania e dovunque i
tedeschi abbiano invaso.

Tempo un'ora e il sole si è oscurato sopra Varshe,
è venuto con noi
sulla via Mila, con più di centomila yidn rimasti
ancora sopra la via Mila.

No, non il sole, ma un terrore dal cielo ci accompagna, terrore smisurato,
sulla faccia degli oltre centomila yidn cade il suo pallido chiarore.

Un terrore, ne è piena la strada, la via Mila, com'è piena di yidn, galleggia in mezzo all'aria.
E pure noi, noi pure, tutti qui non apparteniamo più alla terra, che ci scivola via da sotto i piedi.
Vedo persone conosciute, amici, e ne ho scordato i nomi, come si chiamano ho scordato,
tutti loro, come morti, chi è quello? E quell'altro? La donna col bambino? E quello lì chi è?

Mi sono intrufolato in una casa, sdraiato insieme al figlio sopra il pavimento tutto il giorno
e un pezzo della notte. All'alba ci siamo alzati e infilati nei ranghi della mia officina.
Cinque per fila, per la selezione, messi sulla bilancia dei tedeschi
per essere ammazzati subito o più tardi. Sono passato con la testa alta innanzi a loro.

Ho guardato e ho visto: dalle esili spalle di un yid tolgono un sacco
e il sacco ha cominciato a piangere, un bambino. Un bambino yid, il gendarme è furioso:
cerca il padre, strepita al bambino: "Riconoscilo". Il piccolino guarda suo padre fisso,
lo guarda senza piangere. Guarda suo padre, e non l'ha denunciato.

Quel piccolino, il tedesco ha tirato un altro yid dalla fila, che non c'entrava: "Tu".
E ha messo tutti e due tra i destinati a morte, che scherzetto.

Ho visto. Ora lasciatemi, non mi chiedete niente.
Cosa? Non mi chiedete quando e dove.
Vi scongiuro: non cercate nient'altro, non ascoltate niente di via Mila.

24, 25, 26 dicembre 1943

13.

Con i partigiani

Che nessuno mi chieda e mi ricordi la via Mila.
Era gremita e fu ridotta a niente.
C'erano più di centomila yidn, bagagli, sacchi sulle spalle e in mano,
nei sacchi una camicia, un asciugamano, pane secco insieme a bimbi piccoli,
bianchi come la tela, secchi come croste di pane e muti, ammutoliti come muri.

Niente li soccorreva, li hanno trovati tutti, scovati e acciuffati
giù negli scantinati di via Mila, nascosti nei solai, sopra scaffali impolverati e in mucchi di letame,
dappertutto. Via Mila era stracarica di noi. E che ne resta? Un pugno.
Fucilati sul posto e portati alla morte lungo le vie deserte.

La minima parte di noi è tornata alle officine, laggiù in via Nowolipie e in via Lesh,
giravo la bobina, mio figlio, il mio unico rimasto, taceva accanto a un altro macchinario.
L'officina: angoli maledetti di un altare osceno, a voi aggrappati ancora stanno ventimila yidn, il resto

dentro il ghetto. Guai a chi ha visto il ghetto in quei giorni, a chi ha potuto vagare nel suo interno.

Si abitava in bidoni di rifiuti. Più calore per strada che in un alloggio estraneo,
nessuno abitava a casa sua, negli appartamenti inospitali un freddo ci scacciava.
Si mangiava la misera pietanza dentro stoviglie altrui, s'indossava la camicia di uno sconosciuto,
sdraiandosi su letti estranei e freddi, letti stranieri in dimore estranee.

Osavo spesso uscire, allontanarmi dall'officina, passare di nascosto lungo le vie deserte,
infilarmi nel ghetto, per vedere la spaventosa vita per un poco.
A che scopo? Per chi? Avevo lì amicizie e parentele, e non ne ho più nessuna.
Di fretta m'infilavo dentro il ghetto e di fretta me ne tiravo fuori.

Avevo lì amicizie, parentele, scrittori in yiddish, pittori, musicisti: di loro più nessuno.
Li hanno ammazzati tutti, Hillel Zeitlin trascinato all'Umschlag avvolto nello scialle di preghiera,
sull'Umschlag fucilato. Israel Stern, Ghilbert, diamanti del nostro diadema,
Warshawski, Davidovitch, Jacques Levi e Otschega, corona e orgoglio del pensiero yiddish.

Dopo una settimana rientro di nascosto dentro il ghetto. Sì, ho ancora Zuckerman là.
Ho Itzhak Zuckerman. Ho Tzivia, i più belli e i migliori della terra.
Partigiani, sì, chi è che dice: "Abbiamo già perduto tutto al mondo"? Ci sono i partigiani.

C'è ancora resistenza, ancora appoggio. Io non piango, ho solo un po' di umidità negli occhi.

Itzhak, in quella settimana, mi portò una notizia da Cracovia: Laban. Laban il partigiano
gli ha riferito quanti ufficiali canaglie di SS sono stati abbattuti, una notizia,
e mentre riferiva: "Mani in alto!". Laban vestito da ufficiale viene arrestato, Itzhak fugge per la città a lui sconosciuta,
si trascina colpito da un proiettile alla gamba, sangue nello stivale. Itzhak, stenditi, come va la gamba?

Era il diciassette di gennaio, anno quarantatré, restai la notte lì
e quando iniziò il giorno, meglio se non veniva nessun giorno.
Uscii per strada, da via Zamenhof diretto a Nowolipie: il ghetto era sbarrato.
Le SS ci respingono: "Indietro!". Arrivano soldati coi fucili spianati, si piazzano agli incroci.

Ci risiamo, di nuovo, che può essere ancora? È finita per noi. Passo da caldo a freddo,
torno indietro dal figlio, dai partigiani, già sono al corrente, hanno avuto notizie dall'esterno.
Tzivia, vedi: Itzhak si è messo in piedi pure lui, su quello sano e su quello sparato,
chissà se cola sangue dentro lo stivale. Mi ha visto ed è sbiancato.

Come calce, "Siete bianco, Itzhak, come la calce", però non gliel'ho detto, lui chiama un partigiano: "Vai di corsa,

cerca un buon rifugio nel cortile e ficcali lì dentro". Prendo Itzhak per un braccio: "Ascolta
Itzhak". E gli stringo la mano, lui arrossisce. "Itzhak, voglio essere con voi,
Tzivi, se vuole, pure lui vuol restare, Itzhak." Arriva un partigiano, distribuisce armi.

Per me non c'era niente, eppure c'era, c'era tutto per me, pure se tardi.
No, no, mai è troppo tardi. L'ultimo yid se abbatte un assassino riscatta la sua gente.
Si può ancora salvare un popolo già messo a morte. Salvatelo. Ho parlato con loro,
gli ho dato forza, sì, forza a me e a loro, gli ho parlato, ho augurato il successo.

I partigiani si sono appostati di sentinella vicino all'ingresso, in camera da letto e sulle scale,
alla finestra uno riferiva quello che c'era in strada, pur'io impietrito ho guardato da un vetro
che dava sopra l'Umschlag, guai a me, li portano via muti a testa in giù,
gli yidn miei, ultimi del mio popolo, perché non sono cieco? Perché non sono sordo?

Bada, una corsa, due guardie all'inseguimento lungo la via, altre ne sopraggiungono, incendiano una casa,
una casetta brucia davanti alla finestra, un pompiere snaturato invece di estinguere attizza
la fiamma spargendola, va verso un tedesco, gli dice in polacco: "Ben tre si sono acquattati là dentro".
Li trascinano fuori, s'insanguina la neve e fuma calda in pieno gelo.

Bada, bada, sono già da noi, non vedo la faccia
del tedesco, solo le sue spalle,
ma nessuno gli spara a tradimento, busca invece
una palla in mezzo al petto,
cade pure il secondo. "Die Juden schiefien!" (Gli
ebrei sparano) uno di loro sbalordito grida. Cer-
to, sì, è vero.
Zaccaria e tu Gutman, Eliezer, sì, i partigiani, sulla
via Niska, le nostre sentinelle. Gli yidn sparano.
Questo non lo sapevano.

3, 4, 5 gennaio 1944

14.
La fine

Non lo sapevano, non stava nel conto. “Gli ebrei sparano.” Ho sentito la voce disgustosa dell’infame
prima che uscisse fuori l’anima dannata, non era un grido ma uno stupore amaro: che significa?
Una così brutale, strana, imprevista sorpresa: “Gli ebrei sparano”. E non solo da parte sua,
è stata esclamazione di un popolo assassino, di ottanta milioni: pure loro. Gli ebrei lo sanno fare come noi, come ogni tedesco.

Guai a noi. Sì, pure noi sappiamo insorgere e ammazzarvi, noi pure, pure noi.
Ma noi sappiamo ciò che voi non sapete e mai saprete sulla terra:
di non ammazzare il tuo vicino. Non sradicare un popolo di inermi che invano cerca il cielo coi suoi occhi.
Voi non sapete: non ammazzare. Voi ingiusti di natura, voi dovete, eterni agitatori della spada.

Io vi conosco bene. La mia parola non è forte come quella dei miei padri, i profeti, ma vi ho previsto come loro sapevano.

In principio di luglio, quando hanno cominciato a portarci alla morte da Varshe, si è riunito il Consiglio,
se fossi stato dentro la seduta, coi partigiani avrei lanciato un grido:
"Tamut nafshì" (Muoia il mio fiato, grido di Sansone). Sì, ci fanno fuori tutti, come in Lituania, Ucraina, Volinia e a Lublino.

Non sarebbe servito, lo so, non perché non avevamo, nessuno di noi, neanche l'ombra di un'arma da fuoco.
Ma pure un'ascia è ferro e i proiettili non vanno più profondi nella carne dei chiodi appuntiti.
E gli yidn in America, in terra d'Israele avrebbero versato su di noi una lontana e addolorata lacrima
e a bassa voce o neanche a bassa voce avrebbero concluso: "Ah, se non fossero insorti. Non bisognava".

No, non bisognava! Guai a me, prima dell'anno nuovo stavo tra yidn, capi di officina,
e questi yidn parlando in polacco esclamavano la loro gran vergogna e la loro poca pena:
"Che popolo, si è fatto macellare come i vitelli, che popolo". E scuotevano malamente il capo.
Guai, guai, al popolo che dev'essere ucciso, essere ucciso in terra senza un difensore.

Il diciotto per prima cosa ho visto cinquemila del mio popolo, presi e portati a morte,
e solo due tedeschi, due assassini, dei dodici abbattuti di quel giorno,
dodici soltanto. E a quei vigliacchi armati tremava la pelle di freddo,

"Gli ebrei sparano!". E in coppia non sono più venuti ad affacciarsi ai nostri nascondigli, solo in branco di lupi.

Lupi. Con dei giovani yidn ho scalato muri, tetti scoscesi coperti di ferro e di neve, tutto un blocco di case
dal 58 di via Zamenhof al 44 di via Muranow e dal tetto giù nel cortile,
con alcuni compagni resto nelle soffitte, altri vanno a piazzarsi sopra un ballatoio,
hanno sparato ad altri due assassini, ma non li ho visti, solo sentito i colpi.

La sera sono andato con tutti a via Mila 61, finalmente un fucile e una pistola, il tesoro.
Al mattino ci siamo separati, io con un centinaio stavo in una soffitta, fredda, stretta e lunga,
una donna vicino a me ha tossito una, due volte, un yid l'è saltato addosso come un gatto
avvisando con il dito puntato, a brutto muso, che sta aspettando solo un altro colpo di tosse.

Dopo una settimana sono tornato all'officina su via Nowolipie, di yidn ne mancavano molti,
e pure a via Lesh, là è stato più facile accopparci, perciò ci hanno ammucchiati in officina.
Bitsh, dove sei, Bitsh? Da giovane del Bund, ora sei diventato ebreo da cima a fondo. Pure a Nowolipie c'è stata insurrezione.
Pure a via Lesh, per giorni ci hanno ucciso in officina o da officine portati dritti a morte.

Diminuiamo giorno dopo giorno e nessuno muore, riesce a morire come si moriva un tempo.
Ci ammazzano chi con un colpo in strada, chi

torturato al 103 di via Gelasna, chi condotto via. Aiuto!
Voglio gridare: aiuto! Correre per le strade, in lungo in largo, torcere le mani, urlare a piena voce.
Ma c'è conforto: armi. Compriamo armi. Si scappa anche nei boschi. Tzvì ci vuole andare.

Un pugno di yidn, una goccia e pure tra di loro ce n'è di soverchi, Alfred Nosig, maledetto il nome,
i poliziotti yiddish, yidn, yidn venduti ai tedeschi. Nell'oppressione ci è assegnato un conforto:
gli yidn sparano a quelli come cani. Dieci yidn bastardi, ammazzate, prima di ammazzare un solo bastardo degli altri.
Non li ammazziamo tutti, hanno sacchetti d'oro, li tassiamo: tanto e altrettanto per avere armi.

Tra le soffitte c'erano passaggi, da Lesh e Nowolipie, da Nowolipie una soffitta dava su un cortile
su via Smotche, da Smotche a una via vuota, si impugna la pistola e a destra per un buco
di un muro massiccio ci si trova nel ghetto, t'imbatti in un tedesco, vai, tira dritto per la tua via, non correre.
Sospetta che tu sia armato e si defila lui, che vuoi di più? Amico mio, che c'è di più prezioso?

Vuoi la mia stessa cosa, io voglio andare incontro a un colpo che mi stenda, improvviso ed è finita.
Le officine si spostano con l'ultimo manipolo di yidn nei lager di lavoro di Lublino.
Io non andrò, no, non c'è rifugio qui per me, e da te, ariano, non posso passare,
qualcuno dai parenti ha un visto per l'espatrio, sì,

se qualcuno da qualsiasi parte di me si ricordasse.

Per tutti i miei io sono già defunto e magari già fossi, ma no, non morirò,
mi ammazzeranno. Già non sto in Nowolipie, è stata liquidata, mi aggiro per via Lesh da qualche giorno,
da un conoscente c'è un giovane pallido e racconta: arriva ora da un viaggio, traversato città
e villaggi di centro Polonia, non ha visto né incrociato un yid per tutto il viaggio.

Era due giorni prima di Pèsah. Alla vigilia di mattina presto è finita pure via Lesh e da via Lesh
dal mio nascondiglio ho sentito cannoni giorno e notte e poi di notte ho visto che bruciava,
il ghetto in fiamme brucia sulle sue mura e sopra i suoi ultimi yidn, il fuoco va avanti a singhiozzare,
il cielo è illuminato e se là c'è qualcuno, ha visto il panorama della fine.

9-13 gennaio 1944

15.
Dopo di tutto

La fine. Il cielo in fiamme nelle notti, si avvolge di giorno dentro un fumo, poi torna ad accendersi di notte, fa tremare.
Se è possibile fare il paragone col deserto selvaggio del nostro primo inizio: di giorno una colonna-nuvola lucente, di notte una colonna-fuoco.
Il mio popolo in festa, forte di fede andava incontro a una giovane vita e adesso al termine, al finale.
Ci hanno ammazzati tutti quanti in terra, dal piccolo all'adulto, ci hanno distrutti tutti.

Per cosa? Non chiedete, nessuno: per che cosa? Perché dalla migliore alla peggiore, ogni nazione sa.
La peggiore ha dato aiuto al tedesco, la migliore ha guardato con un occhio, fingendo di dormire.
No, no, nessuno verrà a chiedere conto, né indagherà, né chiederà: per che cosa, così?
Il nostro sangue è gratis, si può spargere, possiamo essere distrutti, assassinati in piena impunità.

Tra i polacchi hanno dato la caccia ai combattenti della libertà, a chi era sospettato
di essere fedele alla nazione. Di russi ne hanno uccisi di più nei villaggi e nelle città.
“Partisaner.” Da noi hanno ammazzato bambini nelle culle, quelli ancora nel ventre della madre,
ci hanno tutti spediti a Treblinka e prima di ammazzarci si rivolgevano dicendo:

“Vi spogliate qui, sistemate i panni in un posto, le scarpe due a due, lasciate qui tutto quello che avete,
vi serviranno, vestiti e scarpe e tutto, tutto ciò che lasciate, tornerete a prenderlo.
Siete qui dopo un viaggio, no? Da Varshe? Da Parigi? Da Praga? Salonicco? Andate a farvi un bagno”.
Ne vengono infilati mille in un camerone e mille nudi aspettano che i primi mille siano soffocati.

Così ci hanno distrutto, dalla Grecia fino alla Norvegia, fino davanti Mosca, fino a sette milioni,
senza il conto dei bambini yiddish dentro i grembi, si contano soltanto le gravide, le mamme quasi pronte.
Rimane un yid laggiù in America, uno più vicino in Israele, chieda conto al mondo dei bambini, chieda conto
dei non ancora nati e già ammazzati, chieda conto degli asfissiati con le loro mamme, in grembo a loro.

Per che cosa? Non chiedete, nessuno al mondo, eppure tutto, tutto chiede: per cosa? Per che cosa? Ascolta, ascolta.

Ogni dimora vuota con i muri in rovina, in migliaia e migliaia di città e villaggi chiede:
Per che cosa? Ascolta, ascolta: perché gli alloggi vuoti non lo saranno a lungo e le case non resteranno a lungo case vuote.
Dentro vi si raccoglie un altro popolo, altri uomini con un'altra lingua, e altri giorni e notti.

Il sole salirà sopra un villaggio in Lituania, Polonia, senza incontrare più un yid
pieno di luce alla finestra, un vecchietto che recita un capitolo dei Salmi, un altro che sta andando in sinagoga.
I contadini andranno come sempre sui carri per le strade, andranno come sempre a vendere al mercato,
in così tanti, aiuto, pure più di prima, ma il mercato, quel mercato è morto. Il mercato è pieno e pure vuoto.

Nessun yid farà più brillare le fiere di mercato in lungo e in largo, né più potrà animarlo soffiandoci il suo spirito,
non svolazzerà più un caffettano yiddish sul mercato tra i sacchi di patate, farina, granoturco, né una mano
yiddish si leverà per una palpatina a un pollo, per una carezza a un vitellino. Il contadino ubriaco frusterà
per la rabbia il cavallino, riporta indietro pieno il carretto al villaggio. Niente, niente più yidn nel paese.

E i bambini yiddish non si risveglieranno più dal sonno, dai sogni nel limpido principio del mattino,

per andare al heder, né si fermeranno per guardare gli uccelli, prendersi in giro, giocare sulla sabbia,
voi ragazzini yiddish dagli occhi scintillanti, angeli in miniatura da dove spuntavate? Da qui o da altrove?
Voi graziose ragazze, voi brillanti di freschezza pure col viso sporco e spettinate.

Non esistono più. Non chiedete laggiù voi d'oltremare, non chiedete più notizie di Kasrilevke, di Yehupetz, rinunciate.
Non andate a cercare i Menahem Mendel, i Tevye lattivendoli, gli Shloime il ricco, i Motke furfanti, non cercate.
Come i tuoi profeti, Isaia, Geremia, Ezechiele, Osea, Amos dell'eterna scrittura,
così anche loro piangeranno per te dai libri di Bialik, da quelli di Sholem Alekhem ti racconteranno, da un libro di Shalom Ash.

La voce della Torà non sarà più sentita uscire da una yeshivà, da una casa di studio, e giovanetti pallidi
nobili di studio, approfonditi nella Ghemarà, assorti nei pensieri. No, no che non sono pallidi, ma così luminosi.
Estinti ormai, rabbini, capi di yeshivà, yidn studiosi, grandi sapienti magri, asciutti e fragili, ripieni di Talmud,
commentatori, piccoli yidn con le grandi teste, elevate fronti, occhi limpidi, non esistono più né esisteranno.

Nessuna madre cullerà un bambino, non morirà né nascerà nessuno tra gli yidn,

non ci saranno canti commoventi di poeti yiddish, di valenti scrittori, è tutto già passato.
Non ci saranno più teatri yiddish, non si riderà più in quei posti né scivolerà lenta una lacrima,
e musicisti yiddish e pittori, i Bartchinski, non comporranno più tra il dolore e la gioia, cercando nuove strade.

Nelle città non ci saranno più yidn in lotta, sacrificandosi per una causa altrui,
né medicheranno, dando sollievo a un dolore di altri, né condivideranno la stessa sofferenza.
Tu stupida nazione che dal tuo posto hai sparato su un yid, hai volto la pallottola pure su di te.
Chi ti darà una mano a fabbricare le tue terre? Chi ti offrirà altrettanta anima e cuore?

E le teste calde, i miei comunisti non saranno più in lite, non faranno più dispute con le masse del mio Bund
né tutti e due litigheranno con i miei più liberi, i miei più fedeli, sobbarcati di tutto quanto il peso,
i partigiani yiddish, halutzìm. Si sono dedicati al mondo senza trascurare le proprie ferite,
ero presente alle dispute e me ne addoloravo. Se solo voi poteste tornare a litigare, se solo viveste.

Guai a me, ora non c'è nessuno. C'è stato un popolo, c'è stato, e non esiste più. C'è stato un popolo, c'è stato, e adesso niente.
Che storiella, parte da una cinquina di libri e arriva fino a ora, una storiella triste, chi dice che è bella?
Una storia che va da Amalek fino a uno peggiore

di lui, fino al tedesco. Cielo distante, vasta terra, mari immensi,
non vi ammucchiate in unica valanga per annientare i maledetti sulla terra, che possano annientarsi da se stessi.

15, 16, 17 gennaio 1944

Ai piedi di un albero

di Erri De Luca

"Vicino all'uscita, a destra, al sesto palo che ha una spaccatura in mezzo, ai piedi di un albero." Queste istruzioni lasciate dall'autore resero possibile il recupero dopo la guerra di tre bottiglie sigillate, sepolte in un punto del campo di concentramento francese di Vittel.

Contenevano *Dos Lid* (*Il Canto*). *Dos lid fun oisgehergetn yiddishn folk*, il canto del popolo yiddish messo a morte. È stato scritto di nascosto da un prigioniero mentre si stava compiendo la più sistematica strage di indifesi da parte di un esercito, l'azione più vigliacca della storia umana.

Il 1900 inaugura la guerra moderna che consiste in perdite civili enormemente superiori a quelle militari. La guerra moderna persegue la strage degli inermi più che quella di truppe nemiche. Ha per fatturato il terrore. Coincide con l'avvento dell'aviazione, capace di bombardare città dall'alto. La guerra moderna comincia con Guernica, aprile 1937, con l'aviazione tedesca, divisione Condor, che bombarda a ondate successive una piccola città basca priva di interesse militare, al solo scopo di distruggere vite umane e spargere terrore. Da quel momento in poi il bombardamento aereo di una città sarà e resterà l'atto terrorista per eccellenza.

La distruzione degli ebrei d'Europa si fonda sul terrorismo di un esercito contro inermi di ogni età e sesso. L'invasione della Polonia, settembre 1939, è accompagnata da annunci radio dei tedeschi in polacco che invitano la popolazione a nulla temere da loro. "Ma l'ebreo," grida di colpo la radio, "l'ebreo deve tremare."

Era un mercoledì. In una sola notte si versa per le strade di Polonia una folla impazzita di paura che sta sul punto di perdere tutto. La Polonia era per circa un terzo ebraica. Il terrore, il terrorismo serve prima di tutto per scompaginare, dividere, isolare.

Itzhak Katzenelson, nato a Korelitz in Bielorussia, nel 1886, cresciuto a Lodz, in quel mese di catastrofe si rifugia a Varsavia. È un intellettuale, perciò in cima alla lista di quelli da eliminare subito. La Polonia è una trappola chiusa, una tonnara per ebrei. Varsavia dà l'illusione di potersi nascondere meglio in mezzo al numero. Una folla in fuga, mezzo milione di ebrei si ammassa nella capitale. Dal 2 ottobre 1940 sono forzati ad abitare nel ghetto murato di fresco. Wohnungsbezirk distretto abitativo, lo chiamano i tedeschi. È una delle tante voci di copertura della macchina di sterminio. I poteri spacciano vocabolario falso.

Itzhak Katzenelson resta nel ghetto fino alla prima resistenza armata, nel gennaio del '43. In una retata, agosto '42, perde la moglie e i due figli più piccoli, spariti nei forni di Treblinka. Gli resta il primo figlio, Tzvì, e con quello passerà di nascosto nell'altra Varsavia, fuori ghetto, con l'aiuto dei halutzìm, i partigiani ebrei. Lo mettono in salvo perché è un poeta, perché sono i poeti che porteranno la voce dei distrutti, oltre le mura, di là del recinto di filo spinato del tempo. È una decisione strategica e militare dei partigiani ebrei nel ghetto di Varsavia: salvare i poeti, i diari, i manoscritti.

Nel ghetto di Vilna, Lituania, i partigiani ebrei rubano il piombo della tipografia rom che stampava i volumi del Talmud, per farne proiettili. Le sante lettere ebraiche diventano munizioni. Ne scrive il poeta Avraham Sutzkever, che partecipò alla fusione di quel metallo da lettere in piombo di guerra. Ma più efficaci di quel piombo fuso in pallottole sono i novecento versi clandestini scritti a inchiostro e sangue dal prigioniero Itzhak Katzenelson. È uscito vivo dalla distruzione del ghetto di Varshe/Varsavia per una proroga concessa dalla provvidenza partigiana perché scrivesse *Il Canto*.

Nel ghetto chi può scrive. Un diario, un'opera teatrale, un mazzo di poesie: per consistere in un nome tra quelli che verranno, per tramandare la più micidiale strage della storia umana. I tedeschi: Itzhak Katzenelson non li chiama nazisti, non impiega il nome di una setta. Accusa il popolo tedesco, ottanta milioni, di assassinio. Perché niente di simile e di comparabile è successo prima, né è capitato dopo. Rachel Ertl, studiosa di storia e letteratura yiddish, scrive: "Si legge il presente alla luce del passato, che è sempre inadeguato".

Il passato, l'Europa uscita dalla Prima guerra mondiale, era inadeguato a predire lo sterminio. Oggi quello sterminio resta inadeguato al presente: tutte le volte che si parla di olocausto a proposito di guerre successive, che sia Bosnia o Africa, si commette errore e abuso di termine di paragone. La distruzione degli ebrei d'Europa non si può accostare a nessun'altra strage, per numero e sistema. Ogni comparativo è un torto. Solo il poeta è adatto a essere storico, solo la sua frase arriva a narrare.

L'altra enorme esperienza del 1900, i campi di concentramento sovietici, ha avuto il suo vertice letterario nei *Racconti della Kolyma* di Varlam Šalamov. È stata data la sua voce in prosa alla più vasta prigionia di massa della storia umana. Allo sterminio degli ebrei d'Europa serviva la parola del poeta. *Dos Lid* di Itzhak Katzenelson è il vertice raggiunto.

Fa appena in tempo a scriverlo. Uscito di Polonia insieme al figlio con dei visti di fortuna per l'Honduras, viene invece rinchiuso nel campo di Vittel. In due mesi e mezzo, tra il 3 ottobre 1943 e il 18 gennaio 1944 scrive di nascosto *Dos Lid.*

Quindici canti, ognuno di quindici strofe di quattro versi lunghi: è una struttura che procede a schiera, di forma rigorosa. Sono colonne in marcia del solo esercito invincibile e del solo formato di combattimento adatto al contrattacco dell'accusa, la poesia. *Dos Lid* è poesia imbracciata e schierata in battaglia.

Nella primavera del '44 niente Honduras, Itzhak Katzenelson e suo figlio sono trasportati al campo di Drancy e da lì dritti ad Oshventshim/Auschwitz per essere ammazzati il giorno dell'arrivo. I tedeschi perdevano la guerra su tutti i fronti ma procedevano a pieno regime nello sterminio, missionari dell'annientamento.

Negli anni del ghetto di Varsavia Itzhak Katzenelson si dà da fare come attivista del gruppo Dror (Libertà). Organizza teatro e scrive un'opera da far recitare ai bambini di un orfanotrofio. Quei bambini saranno i primi a raggiungere i forni di Treblinka.

Traduce dall'ebraico antico e fa serate di lettura di brani da lui scelti. Jehoshua ben Levi, maestro del Talmud, ha detto: "Se un uomo ha mal di testa si occupi di studiare la Torà [...] se ha mal di gola si occupi di studiare la Torà [...] se ha mal di stomaco [...] se gli dolgono le ossa [...] se tutto il corpo fa male si occupi di studiare la Torà". Per secoli è stata medicina e salvacondotto, dirottando il dolore e stabilendo tutt'altra centralità. La Torà tradotta e letta da Katzenelson nelle sere del ghetto di Varsavia sospendeva l'assedio, espelleva dall'aula la morte e l'oppressione.

La canzone yiddish *Oifn pripetschik* (*Sul caminetto*) raccomanda la stessa cosa: "Quando poi andrete in esilio, trascinati via / dalle lettere (della Torà) forza avrete, guardate in loro". I rotoli della scrittura sacra, bruciati in infiniti roghi della storia, riaffiorano alla voce indistruttibili. Se esiste una resurrezione è quella affidata alla scrittura.

È già capitato alla letteratura yiddish di misurarsi con la distruzione. I pogrom che spinsero milioni di ebrei a fuggire l'Europa orientale diventarono opera narrata. Bialik, Halpern, Markish e altri hanno osato scrivere la strage subita, l'odio forsennato. A Katzenelson spetta di scrivere l'immensità della cancellazione totale. Riesce, senza impazzire, a passare dall'episodio singolo alla quantità incalcolabile delle vite perdute. Fa la spola tra una stanza svuotata da un rastrellamento e l'ammasso di corpi caricati a forza sui vagoni merci fermi all'Umschlag, la piazza di raccolta. Destinazione e unica fermata è: Treblinka.

"Ho visto": il poeta, la poesia si accollano testimonianza da spendere non davanti a un tribunale, ma davanti a chi impugna il *Canto*. Il grado di giudizio non spetta al tribunale dei vincitori a Norimberga con la sua breve lista di sentenze. Al processo di Norimberga a carico dei gerarchi nazisti fu chiamato a testimone di accusa Avraham Sutzkever. Fu obbligato a parlare in russo. La lingua yiddish non ha avuto diritto di ascolto neanche a Norimberga. La poesia, questa di *Dos Lid*, istruisce un altro tribunale al quale è convocato ogni lettore. Chi legge *Dos Lid* appartiene alla giuria popolare del 1900. La sua sentenza è ben più solenne di quella scritta a Norimberga davanti a una manciata di gerarchi sconfitti e sgomenti. La sentenza di chi legge *Dos Lid* non chiude i conti, li costringe aperti. Perché quel male non appartiene ai malfattori singoli, non si estingue con alcuna condanna. *Dos Lid* fa di ognuno di noi venuti dopo un testimone aggiunto, coinvolto nei suoi sensi corporali e nello sciame di contraccolpi emotivi, compassione, collera, disgusto, tenerezza, vergogna e impotenza.

Uno di noi venuti dopo ha i *Racconti della Kolyma* e *Dos Lid* per fondare la sua appartenenza al

1900. Uno venuto dopo può imparare lo yiddish e tradurre nella sua lingua il *Canto*.

I tribunali non esauriscono la storia. Di fronte allo sterminio degli ebrei d'Europa i loro dispositivi di sentenza sono svendita, saldi di fine stagione. Sono atti di ufficio che pretendono di chiudere la storia. Spetta al poeta e alla poesia tenere aperta la breccia della pagina davanti agli occhi delle generazioni.

Dopo avere tradotto *Dos Lid* ho gli occhi stanchi di chi ha visto attraverso. Ho cominciato a studiare lo yiddish nel '93, di ritorno da Varsavia nell'anniversario cinquantesimo dell'insurrezione del ghetto. Attraverso lo yiddish e attraverso Katzenelson ho visto. Ora riposo gli occhi ai piedi di un albero.

Nota

Evito la parola Olocausto, di origine greca, con significato di sacrificio animale interamente bruciato su un altare.

Evito il termine Shoà, vocabolo dall'ebraico antico, non usato in lingua yiddish, che invece nomina la distruzione con un altro vocabolo ebraico: Hurbn. Con esso si definisce la distruzione del primo e del secondo tempio di Gerusalemme, la massima distruzione della storia ebraica, prima del 1900.

Nella traduzione lascio il nome con cui Katzenelson chiama il suo popolo: yid, yiddish. Non ho voluto tradurlo con: ebreo, ebraico. Non ho voluto cambiare quel nome o non ho potuto. Perciò al lettore resta la difficoltà di trovare scritto il nome di un popolo e di una lingua nella forma con la quale quel popolo pronunciava se stesso.

Le tre bottiglie sepolte furono recuperate da Miriam Novitch, compagna di prigionia a Vittel, subito dopo la guerra, nel 1945. Prime edizioni di *Dos Lid*: nel 1945 in francese, nel 1951 in tedesco a Zurigo, nel 1955 in inglese. In Italia ne uscì una prima edizione nel 1966, a cura di Fausta Beltrami Segré e della stessa Novitch e con una prefazione di Primo Levi, a cui seguì nel 1995 l'edizione della casa editrice Giuntina di Firenze, con la versione poetica di Daniel Vogelmann dalla traduzione di Sigrid Sohn.

Questa traduzione si basa sul testo pubblicato dalla Bibliothèque Medem, Maison de la culture yiddish, Paris, nel 2005.

Un paio di questioni marginali

La prima: come la mettiamo con Dio? Katzenelson è stato accostato a Giobbe. Ma Katzenelson non parla con la divinità. Non gli scappa il tu imperioso dell'antico perseguitato seduto sul letame: "Ricorda che vento è la mia vita". In ebraico il verso è pieno di consonanti aspirate forte. Katzenelson non si rivolge a Dio, non pronuncia aspirate né aspirazioni. Gli scappa ogni tanto il suo nome, gli scappa un "Got", intercalare, simile a un singhiozzo. Mai gli viene di usare uno dei molti nomi ebraici della divinità. Perché non c'è.

Quando scrive i versi del grande rastrellamento di settembre '43, i più di centomila stipati in via Mila per la selezione, ecco tutta la teologia a disposizione:

È solo un bene che non esista un dio, anche se è male, assai, senza di lui.

Ma se ci fosse, pure peggio sarebbe. Sia Dio che la via Mila, che accoppiata.

Katzenelson non è ateo, né nega né rinnega. Ma licenzia Dio e lo solleva dalla responsabilità. Lì non c'è. Così un uomo può salvare Dio.

La seconda: mai si pronuncia qui il nome al singolare: mashìah/messia (solo i bambini di un orfanotrofio vengono chiamati piccoli messia). In ogni tempo di assedio e distruzione l'urgenza di sperare in un riscattatore ha preso quel prezioso nome, lubrificato di olio santo.

Ma cosa può fare una divinità che ha permesso il male, lo ha lasciato stare per offrire scelta? Cosa può fare la divinità che si è proibita lo sradicamento dello "ietzer harà", l'opera del male? Ne porta responsabilità fin dall'inizio: l'albero della conoscenza del bene e del male è uno, il ceppo è lo stesso, come la radice. Poteva farne due di alberi, e invece.

Allora quella divinità può agire contro il male solamente a scippo, con destrezza di mariuolo che sfila dalla tasca della distruzione una manciata di salvi, di scampati. Può fare lo scippatore di miracoli, secondo il verbo ebraico "iazzìl" che con la doppia zeta fa sentire il rumore a strappo dello scippo.

E cos'altro? "Cancellerà Adonài Iod una lacrima da sopra tutti i volti" (*Isaia* 25,8): una sola lacrima, frazione di molta altra pena inasciugata. Miracoli, magro contrappeso alla rovina, come il seme scagliato lontano dall'albero circondato dalle fiamme. Miracoli: attesi invano, venuti fuori tempo, trafelati, come questo canto di Katzenelson dissepolto. Verrà come un ladro di notte, scrive Paolo di Tarso, il giorno del Signore. Viaggia da clandestino e arriva, se arriva, il miracolo, povero contrordine.

Indice

Made in the USA
Monee, IL
11 November 2026

68341127R00058